BRULER APRES AVOIR ECRIT

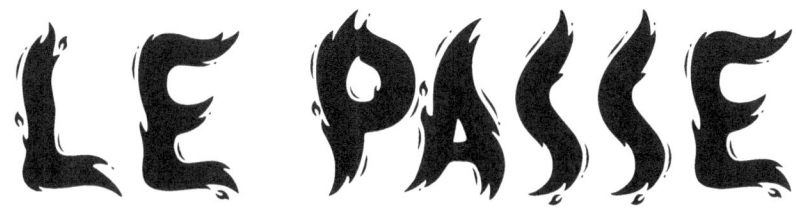

LE PASSE

«Il y a un équilibre délicat entre honorer le passé et se perdre dedans.
Par exemple, vous pouvez reconnaître et apprendre des erreurs que vous faites, puis vous recentrer sur le présent.
Cela s'appelle vous pardoner. »

Eckart Tolle

Pouvez-vous vous souvenir clairement de choses spécifiques de votre enfance?

Quel âge aviez-vous au moment de vos premiers souvenirs?

Étiez-vous doué pour vous faire des amis?

Comment vous êtes-vous fait des amis?

Aviez-vous beaucoup d'amis?

Qu'as-tu aimé faire avec tes amis?

Comment avez-vous rencontré votre meilleur(e) ami(e) ?

Qu'as-tu aimé faire avec votre meilleur(e) ami(e) ?

Mon premier souvenir que j'ai d'aller à l'école :

3 choses que j'ai aimées à l'école :

3 choses que je détestais à l'école :

Mes surnoms d'enfant(e):

Avez-vous déjà triché? Quand? Comment ?

La possession la plus précieuse que j'avais quand j'étais enfant(e) :

Le meilleur cadeau que j'ai reçu :

Quel était ton jeu préféré?

Avec qui avez-vous joué?

Qui vous l'a donné?

Quand avez-vous aimé y jouer?

Quel a été votre repas préféré en grandissant?

Qui a le mieux préparé ce repas?

Qu'aimiez-vous faire quand vous étiez enfant(e)?

Quel était ton jouet préféré quand tu étais enfant(e)?

.

Qui vous a donné ce jouet?

Avait-il un nom?

Est-ce que tu l'as toujours?

Quelle a été votre pire punition en tant qu'enfant(e)?

L'événement le plus inattendu de mon enfance :

En tant qu'enfant(e), qu'est-ce qui vous a plu dans le fait d'être adulte, mais ce n'est pas aussi génial que vous le pensiez?

Quelle est votre chose préférée que vous ne pouvez plus acheter parce qu'ils ne le font plus?

La musique que j'aimais quand j'étais enfant(e) ?

Les gens qui me manquent:

La personne qui a eu le plus grand impact sur ma vie :

La personne que j'aimais le plus:

Le moment le plus dur de mon enfance :

Une chose que je voudrais changer à propos de mon enfance :

Le meilleur travail que je n'ai jamais eu :

Le pire travail que je n'ai jamais eu :

Ma plus grande frustration:

Mon plus grand drame:

Ma plus grosse perte:

La pire coupe de cheveux que je n'aie jamais eue :

Des choses que je ne peux pas croire que j'ai faites :

Mon premier animal de compagnie

Les 3 meilleurs endroits que j'ai visités :

Les 3 meilleures expériences que j'ai eues

Le meilleur jour de ma vie:

Le pire jour de ma vie:

Ma plus grande réussite:

Mon plus gros échec:

Les choses les plus étrangères que j'ai faites :

Les choses que j'aurais aimé ne jamais avoir faites :

Le livre qui a eu la plus grande influence sur ma vie :

L'évenement qui a eu la plus grande influence sur ma vie :

Mon plus grand regret:

Ma plus grande déception:

La chose la plus gentille qu'un étranger n'ait jamais faite pour moi :

La chose la plus gentille que je n'ai jamais faite pour un étranger :

Des gens que je voulais aider, mais je ne pouvais pas :

La meilleure coïncidence que j'ai :

La chose dont je suis le plus fier

Une chose que j'aimerais changer dans mon passé

Mon plus grand mensonge:

Le moment le plus redoutant de ma vie

Le choix le plus difficile que j'ai eu à faire

La chose la plus risquée que j'ai faite

La pire décision que j'ai prise

La plus grande illusion que j'avais

La meilleure photo que j'ai jamais prise :

La meilleure conversation que je n'ai jamais eue avec une personne

À quand remonte la dernière fois que vous avez senti que vous aviez une nouvelle vie?

NOTES

NOTES

NOTES

LE PRESENT

«Hier est derrière, demain est un mystère et
aujourd'hui est un cadeau. C'est pour cela qu'on
l'appelle le présent»

Kung Fu Panda

Mes réalisations jusqu'à présent:

Ma personnalité en 5 mots:

3 choses que je veux dans ma vie :

3 choses dont j'ai besoin dans ma vie :

La citation de ma vie

La chanson de ma vie:

Si vous pouviez maîtriser une compétence instantanément, quelle serait-elle et pourquoi?

Si vous pouviez changer quoi que ce soit, qu'est-ce que ce serait?

PAROLES/POEME QUE JE CONNAIS PAR COEUR

Les choses dans lesquelles je suis vraiment bon(ne) ?

Les choses dans lesquelles je suis vraiment mauvais(e) :

Chansons que je veux réécouter pour la première fois :

Films que je veux revoir pour la première fois :

Vous devez chanter au karaoké, quelle(s) chanson(s) choisissez-vous?

Si vous pouviez mettre un nouveau mot dans le dictionnaire, quel serait-il et quelle en serait la définition?

Avez-vous déjà rencontré votre idole ou quelqu'un que vous vénérez beaucoup?

Si vous pouviez à nouveau expérimenter quelque chose pour la première fois, qu'est-ce que ce serait?

Quel est votre aspect préféré de votre personnalité?

Des choses que les gens pensent de moi qui sont fausses:

Une chose que je peux faire mais la plupart des gens ne peuvent pas :

Une chose que la plupart des gens peuvent faire mais je ne peux pas :

Quelle est la chose que vous ne pouvez pas faire et que vous souhaiteriez pouvoir faire?

Quelle est la chose que vous n'avez jamais essayée et que vous n'avez jamais envie d'essayer?

Quel est le défaut de votre personnalité que vous souhaiteriez pouvoir changer?

Quelle est la chose que vous détestez sur vous-même?

Les choses qui me font rire :

Les choses qui me font pleurer :

LES 7 REGLES DE MA VIE

Si vous deviez nommer ce chapitre de votre vie, comment l'appelleriez-vous et pourquoi?

Si je pouvais aller n'importe où, être avec n'importe qui, faire quelque chose, maintenant: Où? Qui? Quoi?

Mon travail de rêves:

Ma carrière de rêves:

Ma vie de rêves:

Le secret que personne ne connaît :

Mes talents que personne ne connaît :

Mon numéro porte-bonheur:

Le mot que j'utilise le plus:

L'expression que j'utilise le plus:

Des choses que j'aurais aimé savoir avant :

Des choses que j'aurais aimé ne jamais savoir :

Préférez-vous perdre tout votre argent ou toutes vos photos?
Pourquoi ?

Préférez-vous être la personne la plus drôle ou la plus intelligente?
Pourquoi ?

Mon type de cuisine préféré:

Les gens que j'apprécie le plus:

De quoi vous ne pouvez pas vivre?

3 choses que je déteste le plus :

Si je pouvais faire disparaître une chose aujourd'hui, ce serait

Mon type de cuisine préféré:

Mon type de gâteau préféré:

Quelle est la chose que vous souhaitez que vos parents ont fait différemment lorsque vous élever?

Quelle est la chose que vous avez vécue que vous ne souhaiteriez jamais à une personne?

Quelle est la chose que vous ne voulez jamais faire?

Quelle est la chose que vous ne ferez plus jamais?

Si vous étiez président de la France pendant un jour, que feriez-vous?

Si le monde entier écoutait, que diriez-vous?

Si vous pouviez être un super-héros, quel super-héros seriez-vous?

Si vous pouviez littéralement devenir un champion, qui seriez-vous?

Si vous pouviez vivre dans n'importe quel monde du cinéma, quel serait-il?

Si vous pouviez changer le lieu de votre naissance, où choisiriez-vous de naître?

ECHELLES 1~10

Sur une échelle de 1 à 10, dans quelle mesure diriez-vous que vous êtes heureux(se)?

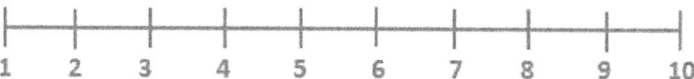

Sur une échelle de 1 à 10, à quel point diriez-vous que vous êtes intelligent(e)?

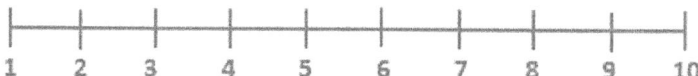

Sur une échelle de 1 à 10, à quel point diriez-vous que vous êtes drôle?

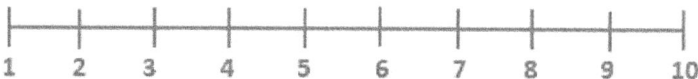

Sur une échelle de 1 à 10, à quel point diriez-vous que vous êtes sournois(e)?

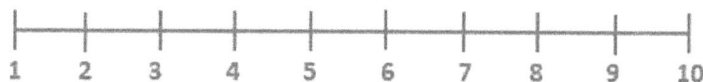

Sur une échelle de 1 à 10, à quel point diriez-vous que vous êtes génial(e)?

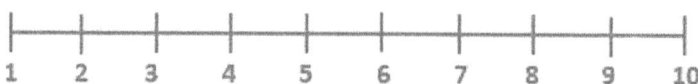

Sur une échelle de 1 à 10, à quel point diriez-vous que vous êtes diabolique?

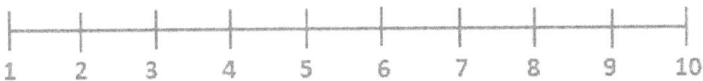

Sur une échelle de 1 à 10, à quel point diriez-vous que vous êtes gentil(le) / attentionné(e)?

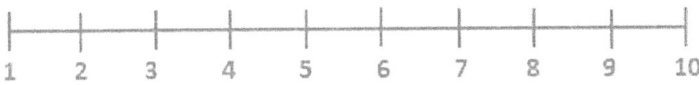

Sur une échelle de 1 à 10, à quel point diriez-vous que vous êtes poli(e)?

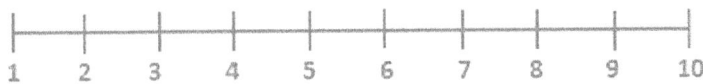

Sur une échelle de 1 à 10, dans quelle mesure diriez-vous que vous êtes attrayant(e)?

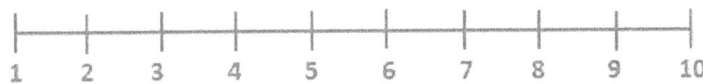

Sur une échelle de 1 à 10, à quel point diriez-vous que vous êtes bizarre?

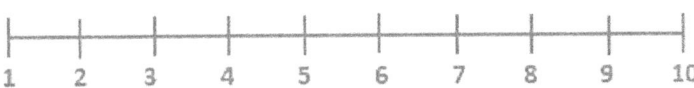

OUI OU NON

- Je prends du temps pour les autres.
  - ☐ Oui
  - ☐ Non

- Je me sens souvent mal à l'aise avec les autres.
  - ☐ Oui
  - ☐ Non

- J'aime faire partie d'un groupe.
  - ☐ Oui
  - ☐ Non

- Je fais des choses que les autres trouvent étranges.
  - ☐ Oui
  - ☐ Non

- Je préfère faire les choses par moi-même.
  - ☐ Oui
  - ☐ Non

- Je n'aime pas m'impliquer dans les problèmes des autres.
  - ☐ Oui
  - ☐ Non

- Je garde mes pensées pour moi.
  - ☐ Oui
  - ☐ Non

- J'essaye d'éviter les gens complexes.
  - ☐ Oui
  - ☐ Non

- Je passe du temps à penser aux erreurs du passé.
  - ☐ Oui
  - ☐ Non

- J'ai un cœur tendre.
  - ☐ Oui
  - ☐ Non

Si vous n'aviez que 24 heures à vivre, que feriez-vous?

Si vous pouviez être une autre personne pendant un jour, qui seriez-vous?

LE FILM DE MA VIE

- Le titre:

- Le réalisateur :

- Le casting :

- La bande-son :

Comment serait ma vie parfaite?

A quel point suis-je proche de vivre ma vie parfaite?

NOTES

NOTES

NOTES

LE FUTUR

«Le futur a été créé pour être changé.»

Kung Fu Panda

Mon futur en 1 seul mot :

5 choses que je pense amélioreraient ma qualité de vie:

Mes prochaines étapes:

Mes prochains défis:

Des gens que je n'oublierai jamais :

Des gens que je souhaite rencontrer dans le futur :

Des gens que j'aimerais ne jamais rencontrer dans le futur :

De quoi ai-je moins besoin?

De quoi ai-je le plus besoin?

Que puis-je faire pour m'améliorer?

Que dois-je faire différemment?

Que dois-je faire de plus?

Que dois-je arrêter de faire?

Les choses que je pense seront changées dans le futur :

Les choses qui, selon moi, ne seront pas disponibles à l'avenir :

Si vous pouviez effacer un mauvais souvenir de votre cerveau, quel serait-il?

Si vous pouviez ajouter un souvenir à votre cerveau, quel serait-il?

Quelles lois voudriez-vous créer et abolir?

Si vous pouviez désigner un nouveau jour férié, quel jour férié créeriez-vous et quel mois apparaîtrait-il sur le calendrier?

Si vous le pouviez, quelle chose étrange rendriez-vous acceptable dans la société?

5 choses que je veux faire avant de mourir :

5 endroits que je veux visiter avant de mourir :

Si vous ne pouviez manger que le même petit-déjeuner, le même déjeuner (différent du petit-déjeuner) et le même dîner (différent du déjeuner) tous les jours, quels trois repas choisiriez-vous?

- Le petit-déjeuner :

- Le déjeuner :

- Le dîner:

Si vous receviez un article de luxe, mais que vous ne pouviez pas le vendre, quel article de luxe voudriez-vous?

Si vous pouviez avoir un super pouvoir, quel serait-il et pourquoi?

Si vous aviez deux semaines libres pour faire tout ce que vous vouliez, que feriez-vous?

Si je gagnais à la loterie, ce seraient mes premiers achats:

Qui aimeriez-vous rencontrer avant de mourir?

Quelle est la dernière chose que tu veux voir avant de mourir?

Quelle est la chose la plus étrange que vous vouliez faire avant de mourir?

Quelle est la chanson que tu veux écouter avant de mourir?

Quand vous mourrez, que voulez-vous qu'on se souvienne de toi ?

NOTES

BRULER APRES AVOIR ECRIT ?

www.ingramcontent.com/pod-product-compliance
Lightning Source LLC
Chambersburg PA
CBHW070608220526
45467CB00003B/1346